管理诀窍

一招顶百招

祖传宇　汤进军

编著

中国纺织出版社有限公司

内 容 提 要

本书并非传统意义上教你“如何当领导”的教科书，而是一本即翻即用、即学即会的沟通工具书。它摒弃冗长的理论分析，聚焦实战，提供经过检验的具体话术，覆盖新员工入职、危机公关等高频场景。书中话术设计场景化，精准匹配管理需求，适合不同经验水平的管理者。翻开本书，你将获得拿来即用的管理语言，轻松应对各类突发状况，成为有备无患的优秀管理者。

图书在版编目（CIP）数据

管理诀窍：一招顶百招 / 祖传宇，汤进军编著．
北京：中国纺织出版社有限公司，2025. 7. -- ISBN
978-7-5229-2913-2

Ⅰ. F272.9

中国国家版本馆 CIP 数据核字第 2025B7V184 号

责任编辑：闫 星　　责任校对：寇晨晨　　责任印制：储志伟

中国纺织出版社有限公司出版发行
地址：北京市朝阳区百子湾东里 A407 号楼　邮政编码：100124
销售电话：010—67004422　传真：010—87155801
http://www.c-textilep.com
中国纺织出版社天猫旗舰店
官方微博 http://weibo.com/2119887771
山东博雅彩印有限公司印刷　各地新华书店经销
2025 年 7 月第 1 版第 1 次印刷
开本：710 × 1000　1/16　印张：10
字数：92 千字　定价：59.80 元

前言

管理无小事，句句见真章

你是否曾在开会时绞尽脑汁，却找不到一句既能鼓舞士气又不显生硬的开场白？是否因为一句无心之言，让跨部门合作陷入僵局？又是否面对员工的情绪爆发，明明心急如焚，却不知如何安抚？

基层管理，是职场中最接地气的战场。它不需要高深的理论，却需要精准的沟通；不追求华丽的辞藻，却讲究直击痛点的智慧。一句恰当的话，能化解冲突于无形；一次真诚的对话，能点燃团队的斗志。但现实往往残酷——许多员工离职与直接上级的沟通方式密切相关，而相当一部分的团队矛盾源于管理者未能及时有效干预。这些数字背后，是无数基层管理者在琐碎日常中的挣扎与无奈。

本书正是为了填补“话到用时方恨少”这一鸿沟。这不是一本教你“如何当领导”的教科书，而是一本即翻即用、即学即会的沟通工具书。书中没有冗长的理论分析，只有经过实战检验的具体话术，覆盖了从新员工入职到危机公关的十大高频场景，甚至细化到“员工在报销流程上卡壳”等具体问题。

为什么你需要这本书？

场景化设计，精准匹配痛点

无论是初出茅庐的管理者，还是身经百战的老手，都能在书中找到对应的解决方案。例如，面对跨行业跳槽的新人，一句“你的过往经验对处理新行业问题很有启发”，既认可价值，又巧妙引导适应；当团队因抢客户剑拔弩张时，一句“系统记录显示首次对接人是 A 团队，按规则应由他们跟进”，瞬间用制度平息争端。

人性和规则的双重拿捏

管理不是冷冰冰的流程执行，而是有温度的艺术。书中话术既强调“共情力”——如安抚加班过度的员工时提出“今天先交接任务，明天调休”，又坚守“底线思维”——如明确告知违规佩戴护具的后果。这种刚柔并济的策略，正是基层管理的精髓所在。

法律红线与情商在线的平衡

在“裁员沟通”“竞业限制”等敏感场景中，书中不仅提供话术模板，还融入《中华人民共和国劳动合同法》《中华人民共和国民法典》等法律依据，教你如何既维护企业利益，又保障员工尊严。例如，处理泄密事件时，“根据《中华人民共和国刑法》第二百一十九条，我们已终止合作并报案”一句，既彰显专业，又震慑违规。

翻开这本书，你将获得什么？

拿来即用的管理语言：每一条话术都像瑞士军刀般精准，从“汉堡包沟通法”到“三明治反馈术”，助你轻松应对各类突发状况。

从新手到高手的进阶地图：按管理生命周期编排的十章内容，覆盖员工入职、冲突化解、离职沟通全流程，帮你系统性提升管理能力。

管理无小事，但管理也无难事。一句恰到好处的回应，可能比十场培训更有效；一次真诚的倾听，或许比百条制度更暖心。

愿它成为你办公桌旁的“锦囊”，口袋里的“智囊团”——当难题突袭时，随手一翻，答案自来。

毕竟，好的管理者，从不打无准备之仗。而这本书，就是你最好的“弹药库”。

编著者

2025 年 4 月

目录

第一章 新开始适应策略

第二章 员工冲突化解指南

第三章
员工心态修复对话

第四章
团队矛盾调解策略

第五章
多维激励话术库

第六章
氛围营造实战对话

第七章
离职沟通场景应对

第八章
劳动法务沟通技巧

第九章
危机公关应对话术

第十章
客服经理问题处理话术

第一章

新开始适应策略

新官上任，四策破局

话术一 强调团队协作与共同目标

大家好，我是 ××，很荣幸能担任这个团队的负责人。过去我在 ×× 岗位［原岗位］积累了一些经验，但作为管理者，我还需要从“单兵作战”转向“团队协作”。接下来，我会重点做好三件事：明确目标、优化流程、解决难题。希望大家能多提建议，我们一起把工作成果提升到新高度。

话术二 展示务实态度与问题导向

我是 ××，今天起将和大家共同推进 ×× 工作（具体业务）。我的管理风格是“用事实说话”，有三个原则在这里提前说明一下。不甩锅：所有问题先找原因，再定解决方案；不画饼：目标拆解到每周，定期同步进展；不双标：规章制度全员遵守，包括我自己。遇到卡点随时沟通，我们一起找最优解。

话术三　建立信任与开放沟通渠道

各位伙伴好，我是××。作为刚转型的管理者，我深知自己需要从“做事”转向“带人”。未来两周我会做两件事：一对一沟通。了解每个人的工作习惯和擅长领域；透明化决策。重要调整会提前说明背景和考量。如果发现我脱离一线，请随时批评，你们的反馈是我改进的方向。

话术四　明确底线与成长承诺

我是××，感谢公司信任让我接手这个团队。我的管理底线是：不抢功、不护短、不拖延。业务层面：每月组织一次技能分享会，我会带头分享新学的方法论；个人层面：每周五下午开放“吐槽时间”，匿名意见可直接投递到××（指定渠道）；奖惩层面：所有评优数据公示上墙，过程全透明。期待与大家互相成就。

新员融入，好的开始

话术一 主动介绍团队与工作环境

欢迎你加入我们的团队！今天我会带你熟悉一下办公环境，你的工位在这边，旁边是负责项目协调的小李和技术专家王哥，稍后你们可以互相认识。这周每天中午我会安排一位老同事和你一起吃饭，方便你快速了解部门情况。如果有流程类问题（如申请权限、提交报销等），随时找对面的张姐，她是我们部门的“百事通”。

话术二 明确工作目标与成长路径

这是你本周的三个核心任务：熟悉产品手册、完成客户跟进模板填写、参与周四的案例复盘会。你的岗位直接关系到客户满意度指标，后续我会安排你和资深同事共同处理客户咨询案例。另外，公司每月有内部技能培训，你可以根据这份《岗位能力地图》选择感兴趣的课程。

话术三　建立开放沟通机制

我们团队每周五下午有 15 分钟的“咖啡时间”，大家可以随意聊聊工作外感兴趣的话题。你遇到任何问题，无论是系统操作卡顿还是对考核标准有疑问，都可以直接找我或发消息到部门群。另外，这是过去半年的项目复盘文档，你可以先看看，下周一的例会上期待听到你的新鲜视角。

话术四　赋予参与感与正向反馈

今天下午的头脑风暴会需要讨论新产品的推广方案，你负责整理社交媒体端的用户痛点。上次你提出的“短视频问答”形式很有创意，这次可以继续深化。会后记得把方案同步给设计部的小刘，他是你的项目对接人，有任何协作问题随时找我协调。

跨行跳槽，巧助融入

话术一　认可过往经验，明确行业差异

欢迎你加入我们团队！我注意到你在［原行业］积累了丰富的［具体技能/经验］，这对我们处理［新行业相关业务场景］很有启发。不过跨行业初期可能会遇到行业术语、流程差异等问题，如我们常用的［具体工具/方法论］，你可以先通过［内部资料/培训名称］系统地了解一下。有任何疑问随时找我，我们一起梳理差异点。

话术二　提供过渡期支持，降低焦虑

前三个月是适应期，你的核心目标不是立刻产出成果，而是熟悉行业逻辑和团队协作方式。建议你先跟着［导师/项目组］参与［具体项目］，观察我们的工作模式。过程中如果觉得信息量太大，可以每周和我同步一次困惑点，我们有针对性地调整学习节奏。

话术三　引导提问，鼓励主动学习

跨行业转型最怕“不懂装懂”。你可能会发现某些基础概念对我们来说是常识，但对你而言是新知识，这完全正常！如 [行业术语 / 案例]，你可以随时向同事请教，或者查阅 [指定资料库 / 知识库链接]。记住，提问是高效的融入方式，团队非常欣赏主动学习者。

话术四　链接资源，建立支持网络

这是我整理好的《行业速通指南》，包含关键客户画像、竞品分析模板和常用工具包。另外，我帮你预约了周三和 [资深同事 A] 的一对一交流，他在 [具体领域] 有十年经验，能帮你快速理解业务底层逻辑。两周后我们复盘进展，调整下一步计划。

首战开局，效率领航

话术一 明确共同目标，建立合作基础

大家好！我是负责本次项目对接的[你的名字]。我们的核心目标是[用一句话说明项目价值]，如通过优化后台接口响应速度提升用户体验。我整理了《需求背景说明书》，里面包含了用户调研数据和竞品分析，稍后同步给大家。后续我会每周同步一次业务侧的进展，确保技术实现不偏离核心目标。

话术二 用技术语言描述需求，降低沟通损耗

这个需求涉及用户登录模块的重构，业务侧希望将验证流程从 3 步压缩到 2 步。技术实现上，我建议参考[某开源方案 / 某竞品技术文档]，但具体采用哪种加密算法、是否引入缓存机制，需要各位评估后确定。这是初步流程图和字段定义表，各位可以先看看技术可行性。

话术三　主动倾听技术建议，强化双向沟通

在排期评估阶段，我希望先听听各位的技术视角——当前方案是否存在架构隐患？如果采用微服务拆分，预计会增加多少运维成本？大家觉得哪些环节需要预留技术缓冲期？我会根据反馈调整业务侧的资源协调策略。

话术四　建立问题升级机制，消除协作卡点

我们试行“三级问题响应机制”：一是日常问题通过协作平台指派对应成员；二是复杂问题每天站会集中讨论；三是遇到紧急阻塞项直接电话联系我，我负责协调测试或调度产品资源。另外，这是各模块负责人的技术专长清单，方便大家快速找到对接人。

首承方案，下属赋能

话术一 拆分任务，建立阶段性目标

我理解第一次独立负责方案的紧张感，这很正常。我们可以把任务拆解成三个阶段：第一周专注客户需求调研（附模板），第二周针对痛点设计 3 版初稿，第三周模拟汇报演练。我会在每天下班前和你核对进度，确保每个环节都有支撑。

话术二 强化资源支持，明确求助路径

这是客户行业的《竞品案例库》和《方案撰写标准操作流程（SOP）手册》，遇到卡点时优先查阅第 4 章“常见雷区规避”。另外，我安排晓琳（资深顾问）做你的“影子导师”——任何技术性问题可随时请教她，我要求她做到 24 小时内必须响应。记住，团队是你最大的后盾。

话术三　预设容错空间，缓解完美主义

公司允许新人方案有 20% 的试错率，重点在于展现思考逻辑而非一次性完美交付。例如，上个月小王的方案初稿数据测算有偏差，但客户反而认可他“主动标注不确定性并附替代方案”的细节，最终促成了合作。

话术四　植入场景化工具，提升掌控感

用这个“客户决策树”工具（演示操作）：先梳理客户 KP 的 3 个核心诉求，再标注每个诉求对应的我方优势 / 风险点。完成度达 60% 即可发起内部预审，我会帮你用“红黄蓝”三色标注法快速定位优化级。

循循善诱，巧言引导

话术一 开放式提问+共情回应

我注意到你最近工作中有些心不在焉（客观描述现象），是遇到什么困难了吗？是对岗位流程不熟悉、任务优先级不清晰，还是生活上有需要协调的地方？作为你的领导，有什么困难都可以先跟我说。

话术二 明确目标+拆分动作

这项数据整理工作确实琐碎，但它直接影响我们下周的客户方案质量（强调价值）。我们可以分三步完成：第一步，用模板分类原始数据；第二步，标注异常项；第三步，交叉核对。今天你先完成第一步，过程中有任何卡点随时找我，我示范一次给你看。

话术三 正向激励+职业关联

你上周整理的客户反馈报告逻辑很清晰，销售部特别标注了可参考的部分（具体表扬）。如果想进一步提升竞争力，可以尝试参与下个月的跨部门项目，既能接触核心业务，也能积累项目经验。你感兴趣的话，我们可以制订一个两周的能力提升计划。

话术四　设定底线+提供选择

公司规定工作时间需在系统报备离岗事由，既是保障你的安全，也是团队协作的基本要求（解释规则意义）。如果你需要频繁处理私人事务，我们可以讨论调整排班时间，或者申请短期弹性工作制。你更倾向哪种解决方式？

第二章

员工冲突化解指南

薪资差异，暖心沟通

话术一 强调价值认可+制度差异解释

张哥，我非常理解你看到新人薪资时的情绪。你这五年带团队的经验、对公司流程的熟悉程度，是新人完全无法替代的。公司对老员工的评估更侧重内部贡献的稳定性，而新人薪资是参考市场行情制定的。不过你的长期付出我们很清楚，今年我会优先推荐你参与管理层培训，争取明年的晋升机会。

话术二 市场因素+个人发展引导

李姐，你可能注意到今年行业招聘成本上涨了20%，新人薪资是倒逼企业调整的无奈之举。但你积累的客户资源和项目经验，是未来升职的核心竞争力。接下来我想把A级客户交给你维护，绩效奖金上浮10%，同时季度评优也会优先考虑老员工。

话术三　福利补偿+隐性优势说明

王哥，虽然基础薪资暂时有差距，但你的工龄补贴、带薪年假天数都比新人多30%。另外新人需要3～6个月适应期，这段时间你作为导师的带教津贴会每月增加500元，毕竟公司还是更看重老员工的稳定输出，年底调薪我会重点争取你的涨幅。

话术四　责任绑定+长期规划承诺

小陈，新人高薪其实是公司的短期策略，但他们试用期淘汰率高达40%。你作为技术骨干，下季度核心项目的主控权还是交给你。我已向人力资源部门（HR）提交了老员工专项调薪计划，只要这个项目达标，你的基础工资至少可以上调15%。

功劳被抢，智谋应对

话术一 肯定价值+强化证据意识

小王，这次项目你投入的时间和专业度大家都有目共睹，你的核心方案是项目成功的关键。今后我们可以在关键节点用邮件同步进展，重要文件加上水印和制表人署名。下次汇报时，我会邀请你直接参与，确保你的贡献被高层看到。

话术二 制度保障+责任绑定

小李，跨部门合作确实容易出现信息偏差，但你的工作记录和会议纪要就是最有力的证明。接下来我会向 HR 申请项目分工确认机制，所有参与者的职责和成果都会在系统留痕。这次季度评优，我会把你的项目复盘报告作为重点材料提交。

话术三 公开化贡献+隐性优势引导

小张，虽然这次汇报被其他部门抢了功劳，但你积累的客户反馈数据和技术方案，我会在部门例会上重点展示。另外，下个月行业论坛的演讲名额，我打算推荐你代表团队参加，这对你的职业曝光度更有帮助。

话术四 情感共鸣+向上管理承诺

小吴，我知道你为这个项目已经加班两周了，结果却被替代。我已经整理了你的阶段性成果文档，明天会单独向总监汇报进展，并强调你在关键节点的突破。后续跨部门会议，我会要求所有参与者提前提交分工清单。

客户之争，策略制胜

话术一 制度说明+规则透明

各位同事，公司客户管理（CRM）系统已明确标记该客户的首次对接人是A团队（展示系统记录），按规则应由A团队继续跟进。B团队若后续有补充资源或合作建议，可以通过跨部门协作机制共同推进。我们优先保障客户体验，避免内部消耗。

话术二 公平竞争+绩效激励

双方团队可以提交针对该客户的细化服务方案，由客户和上级评估后决定归属。胜出团队获得客户主导权，另一方则按贡献度获得20%的协作绩效奖金。后续合作中，双方需共享进展信息，确保客户需求无缝对接。

话术三　责任绑定+成果挂钩

目前，客户处于关键决策期，建议 A 团队负责方案落地，B 团队提供技术支持。若最终签约成功，A 团队获得 70% 的提成，B 团队获得 30% 的提成。后续类似客户将按季度轮换主导权，确保机会均等。

话术四　协作引导+隐性收益

客户体量较大，单独跟进可能超出团队负荷。如果双方协作完成，除基础提成外，公司额外增设 5% 的“协作达成奖”。此外，主导团队可优先参与行业峰会，提高品牌曝光率。

竞聘冲突，巧解困局

话术一 淡化竞争+强调共同目标

王姐/李哥，这次竞聘确实让大家压力倍增，但咱们组上半年关键绩效指标（KPI）完成率还差15%，这时候更需要两位合力稳住核心项目。无论结果如何，你们在跨部门协作上的经验都是团队不可或缺的，不如先把精力放在下周的客户交付上？完成后我会申请给项目组额外的奖励。

话术二 能力导向+资源倾斜承诺

张工，我知道你对这次竞聘做了充分的准备，但刘工在技术攻坚上的数据确实更有优势。不过你带新人培训的能力全组公认第一，下个月我想推你主导人才梯队建设专项，绩效权重上调20%。这样你既能发挥长项，也能积累管理履历。

话术三　制度解释+隐性优势提示

陈老师，竞聘评分标准里“团队贡献度”占 30%，你们现在互相拆台反而会影响这项得分。其实你去年带教 3 个新人的记录人力资源（HR）都有存档，这部分可以重点在终面环节展示，这比盯着对手的短板更有效。

话术四　情感共鸣+第三方介入建议

赵哥，你们俩以前合作拿下过 A 级项目，现在为竞聘闹僵太可惜了。如果沟通有困难，我建议约人力资源 / 业务伙伴一起喝杯咖啡，把竞聘规则和未来协作方式摊开聊。毕竟晋升后还要长期共事，关系越早修复越好。

上线之责，妙法厘清

话术一 澄清权责+高层授权说明

小王，这次上线责任交叉的问题确实让大家困惑了。我已经和上级确认过了，技术部负责系统稳定性，咱们团队主抓用户培训和数据反馈。稍后我会把书面分工表同步给大家，后续有任何边界模糊的任务，我们直接召开会议明确责任人。

话术二 流程规范+风险兜底承诺

老李，这次需求临时调整导致流程混乱，责任在我没提前同步变更机制。现在我们一起梳理上线检查清单，重点标注测试、部署、回滚的 SOP。如果执行中再出现职责争议，我来协调资源兜底，确保不耽误进度。

话术三 协作机制+多方共赢引导

张姐，市场部反馈的问题我们确实有责任。接下来我会在每周三设立一次跨部门对接会，双方各派 1 人专项对接需求。如果本月上线达标，咱们团队和市场部共享项目奖金池，大家的付出都会体现在结果里。

话术四 数据追踪+透明化反馈

陈工，责任混乱的本质是信息不对称。我已搭建实时看板，每个人负责的模块进度、问题率、修复时效都会进行公示。大家遇到职责争议时，优先根据数据归属判定责任方，避免主观扯皮。

职场裂口，轻松修复

话术一 单独沟通，中立立场

小王 / 小李，我注意到最近你和小李 / 小王在工作中的配合有些紧张。作为你们的直接上级，我需要了解具体情况。现在你可以放心说，我只负责记录事实，不会偏袒任何一方。我们需要尽快找到一个不影响团队合作的解决方式。你能具体说说哪些事情让你感到困扰吗？

话术二 引导换位思考

我理解你们对这件事有不同的看法，但团队协作需要相互理解。你们可以试着从对方的角度思考：如果换作是你，遇到这种情况会有什么感受？例如，上次的项目分工，小王连续加班赶进度，小李则承担了大量协调工作，其实双方都在为结果付出。

话术三 聚焦共同目标

无论你们之间存在什么分歧，我们当前的首要任务是确保客户项目按时交付。我建议暂时搁置私人矛盾，针对项目中的 ×× 环节重新明确分工——小王负责技术实施，小李对接客户需求，我会每天跟进协调。工作之外的问题，我们可以等任务结束后再专项沟通，这样可以吗？

话术四 设定行为边界

公司尊重员工的私人交往，但必须强调：任何影响工作配合的行为都不能被接受。如果你们在工作场合发生争吵、故意拖延对方负责的流程，或向其他同事传播负面情绪，这将会被视作违反《员工手册》第五条。我希望你们能保持职业素养，至少做到工作沟通时的相互尊重。

私议风波，智解难题

话术一 中立原则与事实导向

我注意到你提了一些关于 ×× 同事的看法，作为团队管理者，我需要确保所有反馈都基于客观事实。建议你整理具体事件的时间、地点和涉及的工作环节，如邮件记录或项目文档。如果有需要协调的矛盾，我们可以一起约谈对方，通过三方沟通澄清误会。但在此之前，请避免在非正式场合讨论未经证实的信息。

话术二 强调职业素养与团队影响

团队合作的核心是相互尊重，私下评价同事的行为既可能影响他人声誉，也会破坏团队信任。如果你对 ×× 的工作方式有疑问，可以直接与他沟通，或者通过周会提出改进建议。如果沟通困难，我可以协助安排一次调解会议。但类似“我觉得他能力不行”的主观论断，需要转化为可落地的改进建议。

话术三　汉堡包沟通术（正向+问题+鼓励）

首先感谢你对团队问题的关注，这说明你希望团队变得更好（正向肯定）。不过，我们需要区分“个人感受”和“事实依据”，如你提到 ×× 拖延项目，是否有具体延误的证据？（问题聚焦）如果确实存在协作障碍，我们可以制定分工检查表，并邀请他参与下周的进度复盘会。用流程解决问题比情绪化讨论更有效（鼓励行动）。

话术四　明确规则与后果警示

公司《员工手册》第三章明确禁止散布不实信息或人身攻击，这类行为可能涉及诽谤并触发纪律处分。如果你掌握 ×× 的违规证据，请通过正式渠道向 HR 提交；如果只是个人猜测，请立即停止此类言论。作为管理者，我的职责是保护每个成员的合法权益，包括被讨论的同事。

第三章

员工心态修复对话

加班致效率降，四策应对

话术一 主动关怀+工作强度确认

小王，最近项目压力大，我看你连续三周都在加班，今天工作效率明显比平时低。但这不是你的能力问题，长期高强度工作确实会影响状态。今天先把紧急任务交接给小李，明天调休一天调整下，下周咱们重新规划排期。

话术二 根源分析+任务重构

张工，上次迭代你提交的代码错误率比平时高20%，可能和你最近持续熬夜有关。我梳理了你负责的5个模块，把测试文档编写和接口调试分给新同事，你专注核心架构设计。每天最晚7点前下班，这周试行新分工方案如何？

话术三 心理疏导+隐性激励

陈姐，你上个月加班时长全组第一，但客户满意度反而降了 5%，这说明身体透支反而影响产出。这季度超额工时折算成 3 天年假，下周团建活动你当主持人，结束后提前两天去云南旅游，费用走团队建设经费。

话术四 效率工具导入+流程优化

老赵，昨天需求会你提的重复性操作问题很关键。我已经申请了自动化测试软件权限，让实习生小刘协助你做数据迁移。下周开始，所有周报改用模板工具生成，每天节省的 2 小时用来做技术复盘。

竞聘失败，重塑价值之路

话术一 聚焦贡献+客观归因

李工，我理解三次竞聘失败让你有挫败感。但你主导的 × 项目去年贡献了部门 40% 的业绩，这种持续输出能力是团队不可替代的（肯定价值）。这次落选更多是岗位适配度问题——新岗需要大量跨部门协调经验，而你的强项在技术攻坚（客观归因）。接下来我会安排你参与总部轮岗，积累综合管理经验，为下次竞聘储备筹码。

话术二 竞争环境分析+隐性优势强化

王老师，这次竞聘有 23 人参与，最终录用的张经理有 5 年分公司管理背景（强调竞争激烈）。但你在技术创新上的敏锐度远超他人——去年申请的 3 项专利已进入商用阶段。我建议你牵头组建技术攻关小组，这个角色既能发挥优势，又能积累带团队经验，未来可通过技术管理双通道晋升。

话术三　阶段性复盘+能力提升承诺

陈哥，我和 HR 复盘了你的三次评审反馈：前两次输在汇报呈现上，第三次是因为项目管理经验不足（透明信息）。但你每次都有进步——第三次评分已经比第一次高了 30%。下季度我安排你参加管理者情景模拟训练，并参与 A 项目的全流程统筹。半年后我们重新制定竞聘策略，你看如何？

话术四　情感共鸣+非管理岗价值重塑

赵工，你觉得自己是“失败者”，但在我眼里，你是用三年把故障率从 8% 降到 0.5% 的“定海神针”（情感共鸣）。公司正在试点“专家职级体系”，你若走技术路线，年薪可比同级管理岗高 15%，还能减少事务性工作。下周我带你和首席技术官（CTO）聊聊这个通道怎么样？

育儿压力，灵活应对之策

话术一 情感共鸣+灵活调整支持

李姐，我理解你独自带孩子确实不容易，尤其是突发状况多（如孩子生病或学校活动）。我们可以调整你本周的工作安排，将需要处理的任务集中在上午完成，下午允许你远程办公。另外，公司合作的托育机构能提供临时托管服务，需要时我可以帮你预约。

话术二 明确制度+替代性方案协商

王姐，公司请假制度要求事假需提前申请，但我知道你的情况特殊。我们可以尝试两种方案：一是将部分工作转为线上处理，减少通勤时间；二是把每月 3 天事假拆分为 6 个半天灵活使用，这样既不影响紧急情况，也能保证工作进度。你看哪种更适合？

话术三　资源链接+短期减压计划

张老师，我查了《员工手册》，你今年的 5 天带薪育儿假还没使用，建议优先用这部分假期应对突发情况。另外，行政部正在统计员工子女暑期托管需求，我可以帮你登记，减少假期消耗。

话术四　责任绑定+绩效激励

陈姐，下季度你负责的客户沟通工作可以调整为阶段性目标考核：只要每周完成 3 份报告的核心内容即可，具体工作时间你自主安排。超额完成部分按 120% 计算奖金，这样既能兼顾孩子，收入也有提升。

AI 冲击，技术骨干何去何从

话术一 强调人机协作定位+技能升级支持

王工，AI 工具的引入是为了辅助我们提升效率，而不是取代专业判断。例如，你主导的 ×× 项目，AI 可以完成数据清洗等基础工作，但技术选型和风险评估仍然需要你的经验。公司会优先安排你参与 AI 协作培训，这样你可以尽快掌握如何用工具优化工作的具体流程，未来这类复合型人才薪资涨幅预计比纯技术岗高 30%。

话术二 职业转型方向引导+资源倾斜承诺

张老师，你知道吗？深圳已有 70 名技术骨干转型为 AI 训练师，负责优化模型逻辑。你对业务场景的理解深度是 AI 无法替代的，下个月我想推荐你加入公司的 AI 开发组，参与核心算法优化，还能获得额外认证补贴。你是否感兴趣？

话术三 技术局限性说明+质量控制绑定

李工，AI 生成的方案目前错误率高达 15%（如数据篡改、逻辑漏洞），上周 ×× 用 AI 整理报表就因算法错误导致返工。我们需要你把关关键环节，后续所有 AI 输出的技术方案都增加你的复审签字环节，你的绩效权重会上调 20%。

话术四 核心项目绑定+隐性价值凸显

陈工，AI 只能处理标准化任务，但客户定制化需求必须依靠你的现场应变能力。例如，上次你通过 ×× 技术解决的突发故障，但 AI 却根本无法预判。今年重点客户的技术支持团队仍由你带队，项目奖金池额外增加 10%。

差评潮下，客服心声与出路

话术一 共情与情绪疏导

最近大家因为差评事件承受了很大压力，我理解你们的委屈和挫败感。负面评价确实会让人难受，但这也是我们改进服务的机会。今天我们可以先暂停半个小时，一起聊聊哪些环节需要优化，或者大家有什么想吐槽的，情绪释放后，我们再一起制定应对方案。

话术二 聚焦问题解决

差评集中爆发暴露了流程中的问题，如话术统一性不足或物流协调漏词频出。我建议分两步处理：第一步，每人整理 3 条最困扰的客户投诉案例，下午开会讨论优化方案；第二步，本周内我会协调培训部针对高频问题做专项演练。困难是暂时的，但团队解决问题的能力是长期财富。

话术三　重塑团队信心

还记得上季度我们通过优化响应模板将好评率提升了 15% 吗？这次差评危机同样是突破瓶颈的契机。我们可以将本次事件拆解为：一是差评类型归类，如物流、产品、服务态度；二是制定分级响应模板；三是设立每周“最佳逆袭案例”奖。每个人贡献的解决方案都可能成为团队的新武器。

话术四　明确支持与边界

公司已启动客户满意度回溯机制，技术部正在提取差评录音分析问题节点。在此期间，如果遇到情绪过激的客户，大家可按紧急预案转接给我处理。公司绝不会因非主观失误追责个人，但需要我们共同做好两件事：一是记录每通电话的关键矛盾点；二是每日下班前汇总服务中的“无力瞬间”，方便系统优化。

研发挫败，重振士气

话术一 承认情绪+重构失败意义

各位，产品没能上线，大家的失落我非常理解。但这次尝试让我们验证了关键技术的可行性（如 ×× 模块的突破），这是后续迭代的核心基础。公司已经决定将这次积累的代码库纳入技术资产库，未来所有团队都能复用。我们不是从零开始，而是站在自己的肩膀上重启。

话术二 责任共担+系统性改进

复盘数据显示，市场预判偏差占失败因素的 40%，研发响应延迟占 25%。接下来我会推动市场部与研发的月度互培机制，下季度启动敏捷需求评审会，所有需求必须附带用户场景原型图。这次暴露的问题，是推动流程升级的契机。

话术三 技术沉淀可视化+长期价值绑定

小王，你主导的分布式架构方案虽然没落地，但已通过技术委员会评审，成为明年重点项目的标准框架。本周我会把你的方案写入《技术白皮书》，同步申请专利。挫败感是暂时的，但技术话语权是长期战场。

话术四 个体成长点对点反馈

老张，你带领的攻坚组在压力测试阶段提前 2 周完成任务，这部分我会写入你的年度能力雷达图，作为晋升答辩的核心案例。虽然产品暂停，但你的横向协作能力已超过 P7 职级标准，下次调薪我会优先申报你。

转型恐慌，破局前行

话术一 经验价值强化+职业路径可视化

王哥，你在客户维护和风险预判上的经验，是团队最不可替代的资产。40 岁左右职场人的情商和资源整合能力都处于巅峰期。下季度我计划让你牵头新区域的市场调研项目，完成后可参与公司新设的“资深顾问”职级评定，这个通道是专门为像你这样的经验型人才设计的。

话术二 优势定位+转型资源倾斜

李姐，我注意到你带教新人时总能快速抓住业务痛点，这属于“教练型人才”的核心优势。公司正在启动内部讲师认证计划，通过后可承接外部企业培训项目，课时费按行业标准上浮 20%。你如果有兴趣，我帮你预留培训名额。

话术三　标杆案例拆解+成长陪伴承诺

陈工，去年技术部老张转型产品经理的成功案例你记得吧？他当时 42 岁，用 15 年技术经验反向赋能产品设计，现在年薪翻倍。你若想往技术管理方向突破，我协调两个应届生给你组建攻坚小组，你负责技术框架设计，绩效奖金系数提升 30%。

话术四　行业趋势解读+技能更新方案

赵老师，最近行业报告显示，资深运维人才向智能调度专家转型的成功率高达 68%。公司已采购 AI 运维系统的培训资源包，你每周可以申请 4 小时脱产学习时间，掌握后直接参与智慧园区项目，转型后的岗位津贴每月增加 1500 元。

重复岗位，价值重塑

话术一 强调岗位基础价值+隐性优势

小李，你可能觉得每天核对数据很枯燥，但整个部门的决策都依赖你提供的准确信息。新人需要 3 个月才能达到你现在的效率，而你还能从重复中发现流程优化的可能性（如上周你建议的表格模板改进，节省了团队 20% 的时间）。今年我会争取让你主导一次跨部门流程的优化分享，把你的经验转化成更大的价值。

话术二 拆分工作意义+成长绑定

王姐，我知道贴标签这份工作看起来机械，但你想过吗？每个标签背后都对应着客户需求——你贴得越精准，后续发货错误率就越低。下个月我想安排你去仓储系统培训，掌握数据追踪逻辑后，你就能从执行者升级为品控顾问，工资架构也会调整。

话术三　赋予仪式感+团队贡献可视化

老周，这是你今年经手的第 12800 件产品，这期间，你一直保持着零误差。我打算在班组会上播放你的操作视频，作为标准教程进行展示。虽然动作是重复的，但新人都是看着你的示范成长的，这就是传承的价值。下季度我想推荐你竞选公司的“匠人之星”，让全厂看到基础岗位的标杆力量。

话术四　挑战预设+提供突破路径

小张，你觉得拧螺丝没技术含量？咱们比个赛：你如果能用同样的时间组装完 10 台设备，并将零部件损耗率从 3% 降到 1%，我就申请给你开通技术员晋升通道。可别小瞧拧螺丝，重复的工作中也藏着精进空间，德国工程师能从拧螺丝力度总结出 26 种工艺标准，你也能做到。

如何接手昔日平级

话术一 尊重过往+明确支持

我知道这次调整对你来说可能需要适应期。你在之前岗位上的经验对团队依然很有价值，现在作为团队一员，希望你能继续发挥优势。后续工作中，如果有需要协调资源或沟通的地方，随时找我，我会全力支持你的工作。

话术二 客观说明+职责澄清

这次调整是公司基于业务需求的决策，并非对你个人能力的质疑。目前你的主要职责是××（具体任务），我会和你一起梳理工作目标，确保团队目标一致。如果有疑问或建议，我们可以随时沟通。

话术三 情感共情+未来引导

我理解突然的调整可能会让你感到不适应，如果需要时间调整状态，可以随时沟通。公司对人才发展一直有长期规划，现阶段我们可以先聚焦如何把当前工作做到最优，后续机会成熟时，我会优先推荐你参与内部竞聘或新项目。

话术四　中立立场+协作邀请

我们过去是同级，现在作为你的直属上级，我会尽量做到公平透明。团队接下来的重点是 ××[具体目标]，你在 ×× 方面的经验能帮我们少走弯路。后续任务分工上，我们可以一起讨论如何高效配合。

第四章

团队矛盾调解策略

关键绩效指标，如何破局

话术一 市场反哺研发+数据透明化

王老师，销售数据并非否定技术价值，而是为了帮我们更好地识别市场需求。去年 A 产品因过度追求参数导致滞销，后来根据销售反馈调整 B 功能，研发投入回报率提升了 40%。本月我会协调销售部同步客户技术痛点报告，咱们共同优化评估模型。

话术二 拆分考核周期+长短期结合

张博士，纯销售导向确实可能会忽略技术积累。我已申请调整考核周期：季度侧重“原型交付进度”“专利申报量”等过程指标，年度再叠加“产品市场占有率”。类似华为集成产品开发（IPD）模式中技术储备与市场目标的平衡，既能保障研发节奏，也能避免短期主义。

话术三　资源置换+隐性价值显性化

陈工，销售关键绩效指标（KPI）压力大是事实，但你们的技术突破能帮销售争取溢价空间。例如，C模块的优化可以让产品定价提高15%，这部分超额利润中的20%会作为研发专项奖金。参考关键成功因素（KSF）模式中利益共同体理念，咱们用技术溢价换资源倾斜。

话术四　共创指标+风险共担机制

赵组，我们一起重新设计KPI如何？参考“盖洛普路径”中软硬数据结合的理念，技术类指标占60%（如代码复用率、故障修复速度），市场类占40%（如客户定制需求响应数）。如果因销售策略导致技术目标未达成，责任由跨部门小组共同承担。

代际沟通，桥梁话术巧解困

话术一 强调平等尊重+调整表达方式

小李，我注意到你更喜欢用微信沟通工作进度，以后咱们可以多通过文字同步信息。但王主管习惯当面确认细节，下次汇报时咱们试试先发个摘要给他，再当面补充关键数据，这样既高效又减少误解。

话术二 用“游戏化反馈”替代说教

小王，你上次设计的活动方案创意很棒，如果能在截止时间前加个进度条提醒就更好了。咱们可以设定个成就系统——按时完成里程碑任务解锁奶茶券，你觉得怎么样？

话术三 建立“兴趣联结”破冰

张主管，实习生小刘是哔哩哔哩内容创作者，他刚做了个部门项目混剪视频。你年轻时做过宣传干事，要不要和他交流下剪辑技巧？这样既能指导新人，也能更新咱们的汇报形式。

话术四 用“三明治反馈法”化解冲突

陈哥，你坚持复核数据的严谨性特别重要（肯定）。不过小赵觉得反复修改电子表格公式影响效率，咱们试试让她先演示新方法，有效的话更新到操作手册，无效再按传统流程来？（建议）你的经验和她的工具思维互补一下，更能事半功倍（展望）。

技术路线，融合共进破壁垒

话术一 聚焦共同目标+弱化对立标签

技术路线的选择核心是为了提升系统稳定性 / 客户满意度（根据具体场景调整），无论是优化现有架构还是尝试新技术，本质都是为这个目标服务。建议咱们暂时先放下派系标签，列出双方方案对核心指标的量化影响，再评估可行性。

话术二 试点验证+风险对冲

王工提出的新技术方案可以划出 10% 的业务模块做试点，李工负责监控现有系统的稳定性指标。三个月后用数据对比性能提升幅度、故障率变化和资源消耗成本，根据结果再决定是否扩大范围。这样既能控制风险，也让双方都贡献了价值。

话术三　角色绑定+资源承诺

张姐熟悉现有技术栈，由你牵头制定旧系统的冗余加固方案；陈工负责新架构预研并输出迁移成本报告。我会争取 20% 的研发资源支持预研，同时申请外部专家评审会，确保决策客观性。

话术四　数据驱动+利益平衡

大家的争论点集中在运维成本和迭代效率上。请双方各提交一份对比分析：激进方案需要多少人、月投入是多少、预期的收益周期是多久；维稳方案如何解决当前痛点。下周我们基于数据开会，优先解决 80% 团队共识的问题。

弹性坐班，矛盾凸显

话术一 理解需求+制度互补性说明

小王，我知道弹性工作制能让你更好地平衡家庭和项目进度，但咱们组每周三的固定例会需要全员同步信息，其他部门的协作也依赖这个时间。这样吧，你周一、周五可以灵活安排远程，但周三必须坐班，其他时间咱们根据项目节点动态调整，你看如何？

话术二 目标导向+效率优先

小李，公司推行弹性制是为了提升效率，但近期客户反馈咱们的响应速度有延迟。接下来两周咱们先恢复固定坐班，集中优化流程。只要达标，下个月起你可以自主申请每周两天弹性，用结果换灵活度。

话术三 团队协作+阶段性调整

张姐，你负责的模块需要和小陈、老刘高频配合，如果大家出勤时间差异太大，容易影响进度。咱们试行一个月混合制：上午 10 点前弹性，下午全员坐班。试行后咱们再复盘，根据数据决定是否延续。

话术四 隐性优势对比+激励机制

周工，固定坐班虽然少了自由，但工位补贴、午餐福利和即时沟通效率能降低你 30% 的沟通成本。如果你本月全勤，我可以给你申请额外调休或项目奖金，平衡你的付出。

职场协作，个体困境

话术一 强调个体价值+包容性引导

小王，我注意到你更习惯独立完成任务，这种专注力是你的优势。但团队协作能帮大家共享经验，如下周的客户方案讨论会，你可以选择线上参与或单独和我沟通。你的专业意见对项目很重要，咱们可以找一种让你舒适的方式融入。

话术二 职业发展绑定+资源倾斜

小李，不参加集体活动不代表不优秀，你上季度完成的 3 个技术攻坚就是证明。但如果你想往管理层发展，建议适当参与跨部门交流会。下个月行业峰会的名额，我打算优先推荐你，这对你拓展人脉有帮助。

话术三 底线管理+弹性激励

张工，公司尊重个人工作风格，但参加月度例会和紧急项目沟通是底线要求。其他活动你可以自主选择。考虑到你擅长数据分析，下季度我想把供应链优化项目交给你独立负责，奖金系数将上浮 15%。

话术四 情感共鸣+信任建立

陈姐，上周团建你没来，大家聊到你之前解决的客诉案例时都很佩服。其实我年轻时也不喜欢热闹，后来发现偶尔参加团建能听到不同视角的建议。这周午饭时间咱们单独聊聊，你有任何工作建议都可以直接提。

争执误事，急需速止

话术一 紧急干预+情绪平复

两位先暂停一下！现在大家情绪都不稳定，这样争论只会激化矛盾。小王，你跟我到会议室喝杯水；老李，你去休息区缓 5 分钟。等你们平静下来，我们再一起梳理问题。

话术二 中立立场+聚焦事实

我理解你们对这件事有不同看法，但争吵解决不了问题。现在请你们轮流用 3 分钟陈述事实，不评价对方动机，只说具体发生了什么。小张先开始，小李不要打断。

话术三 责任绑定+目标共识

这个项目需要你们共同推进，吵架只会拖累团队进度。现在我们把争议点列出来：1、2、3……咱们逐条讨论可行方案。如果今天达不成一致，我会申请上级介入，但这对你们未来的合作没有好处。

话术四　隐性警示+台阶搭建

公司规定同事冲突而影响工作的，双方绩效考核都要扣分。但今天的事我可以暂不上报，前提是你们现在握手并达成初步共识，明天提交书面解决方案给我。

第五章

多维激励话术库

首单告捷，妙语嘉奖

话术一 即时认可+强化物质奖励

小王，恭喜你签下首单！我注意到你连续一周加班研究客户需求，这份努力非常值得肯定（具体行为表扬）。根据新人首单激励政策，除了基础提成，公司额外奖励你 300 元现金（物质激励）。下周晨会我想请你分享经验，让团队学习你的突破方法（荣誉激励）。

话术二 里程碑式目标引导+成长承诺

小李，首单达成证明了你快速学习的能力（能力认可）！接下来我们可以设定阶梯目标：如果本月累计完成 3 单，不仅绩效奖金上浮 20%，还能优先参与季度精英培训（成长资源绑定）。需要哪些支持随时找我，我们一起拆解客户案例。

话术三 情感共鸣+团队荣誉绑定

小张，我刚入行时首单花了半个月，你 3 天就突破我的纪录真的很厉害（共情对比）！我已经把你的成交案例提交到区域优秀案例库，月底颁奖会全团队为你鼓掌（集体荣誉）。继续保持这种状态，下个月新人王评选你很有竞争力！

话术四 过程价值提炼+隐性能力肯定

小陈，这个单子虽然金额不大，但你挖掘出了客户没明说的深层需求（价值洞察），这种敏感度是顶级销售的潜质（能力标签）。我为你申请了“最佳新人洞察奖”名额，奖金500元，更重要的是后续会把A类客户优先分配给你（资源倾斜）。

遇新项目，振奋士气

话术一 强调项目价值与团队能力绑定

各位，这次的项目是公司突破市场壁垒的关键战役，选咱们团队负责，正是因为大家有啃硬骨头的经验（如上次的 ×× 项目）。接下来 2 个月，我会争取每周调配 2 小时专项培训资源，确保每个人的技能与工作挑战相匹配。年底评优时，这个项目的成果权重会占 40%。

话术二 突出个人成长与团队共赢

小王，这次由你牵头技术攻关模块，虽然压力大，但完成后你的全流程统筹能力会直接对标主管岗标准。我已经申请了外部专家每周 1 对 1 辅导，咱们的目标不仅是项目成功，更是让你能独当一面。

话术三　用数据对比激发竞争意识

上季度 A 组同类项目提前 10 天交付，客户满意度达 92%。这次我们的资源比他们多 15%，目标是把交付周期再缩短 5 天！每天晨会同步进度排名，连续 3 天效率第一的小组额外奖励调休半天。

话术四　情感共鸣与风险共担

我知道大家最近连续加班很辛苦，我和领导争取到了两项支持：一是下周起食堂开放夜宵补贴；二是如果提前达标，所有人年假增加 3 天。这段时间我会全程参与代码审查和客户对接，咱们共进退。

年终奖下滑，如何安抚下属

话术一 坦诚说明原因，避免模糊推诿

今年受市场环境影响，公司整体业绩未达预期，因此年终奖有所下调。作为团队负责人，我和大家一样感到遗憾。但公司已明确会优先保障基本薪资和福利，确保未来业务回暖后调整激励机制。目前，我们可以一起梳理今年的工作成果，明确明年改进方向，争取在后续项目中提升收入。

话术二 强调个人价值，提供发展支持

虽然年终奖减少了，但你的贡献团队有目共睹。例如，你在 ×× 项目中的创新方案，直接推动了客户续约。接下来，我会优先推荐你参与新业务培训 / 核心项目，并争取季度绩效奖励倾斜。此外，如果你需要职业规划建议或技能提升资源，我们可以单独沟通具体支持方案。

话术三 情感共鸣与短期补偿

我理解年终奖减少对大家的影响，尤其是临近春节开销增加。作为直属上级，我已申请额外争取三项支持：一是春节假期弹性调休 3 天；二是年后优先安排调薪评估；三是部门内部设立“攻坚奖金池”，对重点项目额外激励。虽然无法完全弥补落差，但希望能缓解燃眉之急。

话术四 引导关注长期目标，强化团队信心

这次调整也提醒我们需要更聚焦能力提升和结果突破。明年我会推动两项改变：一是考核指标透明化，每月同步业绩进度；二是优化奖金结构，增加季度浮动奖励占比。如果大家有具体建议，欢迎随时反馈，如希望增加哪些培训、如何优化分工等，我们一起讨论落地计划。

年终奖后，如何再奋进

话术一 业绩复盘+战略关联激励

这次年终奖比去年高 30%，是大家拿下 ×× 大区标杆项目的直接成果。明年公司计划向全国市场扩张，你们团队对客户需求的洞察能力和执行效率是核心优势。我会申请专项预算，优先安排你们参与新市场调研，季度绩效目标达成后额外追加 5% 项目分红。

话术二 个人贡献可视化+成长承诺

小王，系统数据显示你今年客户续约率同比提升 27%，贡献了团队 35% 的业绩。明年计划让你牵头组建精英小组，公司已批准你参加管理层储备培训。只要保持这个增速，晋升主管的通道就会为你敞开。

话术三 横向对比激励+资源扶持

今年咱们团队奖金在事业部排名第一，但和行业头部团队比还有 15% 差距。总部刚引进的智能分析系统，我会争取让你们首批试用。只要下季度能缩短差距到 10%，我直接推荐团队参与年度海外研修计划。

话术四 隐性价值放大+责任升级

你们创新的项目复盘模板，已被集团列为标准流程。明年我想把西南大区的攻坚项目交给你们，成功落地后不仅奖金基数上浮，团队还能获得 2 个带薪深造名额。这份责任既是压力，更是职业跃升的机会。

销售团队，鼓劲有高招

话术一 强化目标共识+资源支持

小王，这个季度的销售目标确实有挑战，但你们团队上个月拿下的 ×× 项目已经证明有突破能力（肯定阶段性成果）。我已经协调市场部增加重点客户的推广预算，同时下周安排行业数据培训。只要大家集中攻破 A 类客户，超额部分提成上浮 15%，我会全程跟进资源调配。

话术二 放大团队优势+危机转化

李主管，目前竞品活动频繁，但我们有两个优势：一是老客户复购率比竞品高 20%，二是你的团队执行力全公司排名前三（数据支撑信心）。建议把 B 组擅长谈判的小张调来支援，同时启动“老客户裂变激励计划”。压力越大，越要打出差异化！

话术三　绑定个人成长与团队荣誉

陈经理，你培养新人的能力有目共睹，这次让新人独立负责C区域，你统揽全局。如果团队整体达标，不仅绩效奖金翻倍，公司年会还会颁发“金牌教练奖”（双重激励）。你的管理经验正是晋升区域经理的核心竞争力。

话术四　用数据拆解压力+战术指导

张主管，数据反馈你们在高端产品线成交率低于15%，但这批客户预算充足（挖掘机会点）。我建议做三件事：一是给TOP销售配专属产品手册；二是每天复盘1个失败案例；三是设置“高单价订单突破奖”。本周我陪你们跑3家重点客户，现场示范谈判技巧。

效益最差时，激励团队

话术一 认可现有努力+明确改进方向

大家这段时间的加班和付出我都看在眼里，虽然结果暂时不理想，但咱们在 ×× 环节的配合度比上个月提升了 20%（数据支撑认可）。现在我们需要集中优化客户跟进流程，本周我会协调 2 名销售专家协助大家梳理话术，目标是把转化率提高 15%。只要达成这个阶段性目标，部门额外申请团建经费。

话术二 绑定责任+资源支持

这次业绩下滑有市场调整的原因，但咱们手里有 3 个 A 级客户资源还没深挖（具体机会点）。从明天开始，我每天腾出 1 小时和大家一起做客户分析，公司也批准了 5000 元专项费用支持重点客户攻关。只要拿下其中任意 2 个，季度奖金系数就上浮 0.2。

话术三　过程激励+短期目标拆解

我知道连续两周达标率低让大家沮丧，但上周王姐开发的社群裂变方法已经带来 30 个潜在客户（具体亮点）。咱们把月度目标拆成每周“3+2”任务——3 个基础动作必须完成，2 个创新动作自主选择完成。每周达成基础任务的组，提前发放 50% 绩效奖金。

话术四　情感共鸣+未来行动方案

我刚对比了数据，咱们的客户投诉率比兄弟团队高 8%，主要卡在售后响应环节（用事实替代指责）。明天起实行“24 小时问题清零”计划：每天下班前 2 小时集中处理遗留问题，我负责协调技术部驻场支持。只要连续 5 天达成响应标准，就全员奖励调休半天。

第六章

氛围营造实战对话

团队迎新，如何增实效

话术一 正式场合结构化介绍

各位同事，今天向大家介绍新成员李明（示意新人起身）。李明毕业于 ×× 大学市场营销专业，过去在 A 公司负责过 3 个百万级项目落地，这次将担任本公司客户经理。他的数据分析能力和跨部门协调经验，能有效补充我们团队的短板。接下来 2 周他会重点对接华东区客户，请销售部和运营组的同事多支持，也欢迎李明随时找我沟通资源需求。

话术二 优势绑定式介绍

早会耽误大家 5 分钟，隆重介绍我们的新战力王芳（拍肩动作）。她在同行企业拿过 2 次年度服务之星，特别擅长处理客诉升级案件。本周她会先熟悉系统，下月起接手张哥手里的 VIP 客户池。建议大家今天加她微信，把过往客户档案共享到群并 @ 王芳。对了，她羽毛球打得比老刘还猛，周五团建可以约战！

话术三　职责明确型介绍（单独对新人）

小林，明天晨会我会这样介绍你："新同事林悦负责质检流程优化，她主导过 B 公司的 ISO 体系认证项目。大家遇到抽样规则或 SOP 问题可以直接找她，每月 25 日前她需要向各部门提供改进建议。"你觉得需要补充哪些信息？或者你更希望用 PPT 展示过往案例？

话术四　团队文化渗透式介绍（微信群公告+线下补充）

欢迎陈浩加入技术部！他是全栈开发高手，吉他弹唱比代码更棒！本周他坐靠窗工位，下午茶时间可围观他带的机械键盘藏品。

（线下补充）浩哥，我们每周三有技术沙龙，你负责下期"微服务架构"分享怎么样？新人首秀有 200 元零食基金权限。

破冰良策，晨会添活力

话术一 游戏破冰+目标可视化

各位早！咱们先玩个 30 秒“关键词接龙”，用 3 个词形容今天的工作状态（如高效、协作、突破）……（互动结束后）刚才有同事提到“突破”，正好今天系统升级需要大家协同测试，完成该任务的小组可额外获得项目积分，下午茶我请！

话术二 成就回顾+挑战激发

昨天小李提前 2 小时完成客户方案，客户特别表扬了细节把控（展示邮件截图）。今天咱们要挑战“零错漏日”，所有按时提交且无差错的任务，我会在群里发专属成就徽章，月底可兑换调休券！

话术三 角色扮演+责任具象化

今天咱们换个形式——每人用 1 句话扮演“项目指

挥官”，如“我是数据指挥官，保证下午 3 点前输出报表”。我先示范……（轮流发言后）大家的目标已同步在白板，我会每小时更新进度条，最先达标的角色优先选下周核心任务！

话术四　痛点共鸣+资源支持

我知道最近系统卡顿让大家头疼（点头认同），技术部刚优化了流程（展示更新文档）。今天咱们分 2 组比拼：A 组用新流程测试功能，B 组按旧方法操作，下班前对比效率差距。胜出组可提前 1 小时申请调休！

功臣激励，如何更有效

话术一 公开表彰+晋升暗示

小王，今天这顿饭是专门为你组的！你主导的××项目提前2周完成，还帮公司节省了20%的成本（具体数据），客户点名表扬你的专业度。我已经把你的案例提交给总部评优。

话术二 隐性对比+资源倾斜

小李，你看大家刚才都在夸你是团队标杆，连新人都说："跟着李哥才能学到真本事。"今年我想把核心客户资源优先分配给你，绩效提成比例再上浮5%。不过你可得带出几个徒弟，明年给你配专属项目组！

话术三 情感绑定+家庭关怀

张哥，这杯敬你！连续3个月加班赶项目，孩子生病都没请假，嫂子还给我们团队送过夜宵（细节具体化）。公司给你申请了 5 天带薪家庭假，另外以你名字设立“攻坚克难奖”，未来这类项目都由你挂帅。

话术四 痛点解决+发展承诺

老陈，这次全靠你突破技术瓶颈！我知道你一直想参加 ×× 高端培训，费用公司全包，结业后直接升高级工程师。但有个条件——你得把经验做成课件，给全员做 3 场分享。

年会话语，团队提士气

话术一 感恩回顾+隐性价值肯定

这一年我们完成了 ×× 项目，客户满意度提升了 30%。特别感谢小王连续 3 个月加班优化流程，小李拿下最难啃的 A 级客户。虽然奖金数字可能不如预期，但大家积累的行业口碑和项目经验，都是未来晋升的核心资本。明年我会推动骨干参与总部的管理培训，让能力变现得更直接。

话术二 数据激励+责任绑定

数据显示，我们组人均效能比去年提高 25%，这离不开每个人的突破。例如，老张带的新人小陈，只用半年就能独立负责模块开发。明年 ×× 战略项目，我打算让晓琳牵头技术组，老杨负责资源协调。只要项目达标，全员季度奖金上浮 15%，晋升名额优先倾斜。

话术三　成长见证+资源承诺

还记得年初新人培训时的手忙脚乱吗？现在大家都能独当一面了。公司刚获批了 200 万元人才发展基金，我已申请将 40% 拨给我们组。明年每人可选 2 门付费课程或认证考试，通过后学费全报。技术骨干还能申请带薪参与行业峰会。

话术四　危机共情+团队凝聚

今年行业裁员潮中，我们组是公司唯一零流失的团队。这份信任不能只用工资衡量——上周我争取到 3 个弹性工作名额，哺乳期的同事可申请居家办公；春节前后额外增加 5 天带薪事假。困难时抱团取暖，收获时才能共享果实。

成员小进步，表彰妙法

话术一 即时肯定具体行为

小王，这次周报的数据分析部分你主动优化了对比图表，让客户反馈速度提升了 20%（具体行为 + 量化结果）。这种主动思考的习惯正是团队需要的，请继续保持！下周的客户复盘会由你负责数据展示部分，相信你能做得更出彩（赋予新机会）。

话术二 关联成长潜力

小李，我注意到你最近主动帮新同事梳理了项目流程，新人上手时间缩短了 3 天（协作贡献）。这种带教意识对未来的团队管理岗非常关键（成长引导），下个月内部培训名额我会优先推荐你，你多积累带团队的经验。

话术三 赋予责任激励

张姐，你提出的优化仓库盘点流程的建议，这周试行后出错率降到了零（创新贡献）。你做事一向细致，下个月由你牵头制定全部门的《标准化操作手册》，完成后额外申请专项奖励（责任 + 物质激励）。

话术四 公开表扬树立榜样

在刚才的例会上，我特别想表扬小陈——他连续 2 周提前完成巡检任务，还整理了《常见故障排查手册》（持续性贡献）。这份手册已经同步到公共盘，建议大家参考学习（树立标杆）。部门季度评优会重点考虑这类主动分享的案例。

第七章

离职沟通场景应对

员工离职，稳住有高招

话术一 情感共鸣+开放式提问

我注意到你最近状态有些变化，是工作压力还是其他方面遇到困难了？作为团队伙伴，我特别重视你的感受。如果你愿意聊聊，我们可以一起看看有什么我能支持到的地方。毕竟，你的成长和团队发展是紧密相关的，我们希望能共同找到平衡点。

话术二 需求挖掘+定制化解决方案

你提到对当前岗位有些犹豫，能否具体说说哪些方面让你觉得不太匹配？是项目挑战性、学习机会，还是职业方向？我们可以根据你的优势调整职责，如参与××新项目或协调跨部门任务，帮你找到更有成就感的发力点。

话术三 价值强调+短期目标绑定

你在 ×× 项目中的贡献大家有目共睹，如上次提出的 ×× 方案直接提升了 20% 的效率。团队正在规划下半年的核心任务，非常需要你的经验并由你来牵头。如果你愿意，我们可以设定 1 个 3 个月的阶段性目标，过程中我会协调资源全力支持，结束后再一起评估发展方向，你觉得如何?

话术四 未来展望+利益共同体构建

我理解你对职业发展的考量，其实公司正在推进 ×× 业务线扩张 / 管理梯队培养计划，你的能力完全符合未来骨干的标准。如果你愿意留下深耕，除了参与这些战略项目，我会申请将你的晋升评估周期缩短 30%，并优先推荐外部培训资源。我们可以每周同步进展，确保你的成长速度匹配预期。

员工志远，留语暖人心

话术一 职业发展支持+隐性机会试探

小王，我很欣赏你对个人成长的规划（情感认同）。能具体说说你希望未来在哪些领域突破吗（信息收集）？如果公司提供 ×× 业务线核心项目参与机会，或者为你申请行业峰会名额，这类资源是否能让你重新考虑（试探挽留点）？我们团队的发展也需要你这样的潜力成员。

话术二 内部调岗引导+需求澄清

李工，注意到你最近参与跨部门项目时表现突出（具体肯定）。你提到的个人发展瓶颈，是否与当前岗位职责边界有关（信息归因）？如果需要接触更多 ×× 领域的工作，我可以协调你临时加入产品研发组，同时申请季度轮岗试点机会，你觉得可行性如何（提供替代方案）？

话术三　项目绑定+价值强化

张姐，你主导的客户运营体系优化方案刚被总部列为标杆（事实佐证认可）。如果现在离开，这个项目的后续收益分配和署名权可能受影响（隐性成本提示）。能否再合作半年完成全流程落地？期间我可以为你争取管理培训生推荐名额（发展资源置换）。

话术四　长期规划承诺+数据锚定

陈老师，你过去 3 年带出 5 个优秀新人，这类经验正是明年新业务扩张需要的（数据强化价值）。我刚拿到管理层培训名单，你符合破格推荐条件（未来机会）。如果现在离职，这些资源可能错失。你理想的晋升时间节点是多久（收集核心诉求）?

关键员工离职，留语筹谋

话术一 情感共鸣+需求洞察

王工，听到你想离开的消息我非常意外，你过去3年主导的3个项目为公司创造了超过200万元的利润（数据具体化更可信）。你能和我聊聊真实的原因吗？如果是团队协作或资源支持的问题，我立刻协调解决；如果是职业发展受限，下个月新成立的创新事业部正在选拔负责人，我推荐你直接参与竞聘。

话术二 隐性优势+责任绑定

李姐，你可能不知道，高层上周刚把你列入明年大区总监的储备名单（虚构信息需谨慎）。虽然你现在薪资与市场有差距，但年底股权激励计划会优先覆盖核心岗位。如果你愿意留下，这个季度的重点项目由你全权负责，绩效奖金将上浮30%。

话术三　危机化解+资源倾斜

张老师，你提到的跨部门沟通效率问题，我已经申请将项目审批流程从五级压缩到两级，并争取了 20% 的预算用于组建专项支持小组。如果你愿意继续带领团队，我会优先为你配置 2 名高级工程师协助技术攻坚。

话术四　职业规划+发展承诺

陈工，你之前提到想往管理方向转型，但当前岗位偏技术执行。我已向 HR 提交了你的 360 度评估报告，建议将你调入产品经理岗参与全流程决策，同时安排你参加下月的高级管理人员工商管理硕士（EMBA）管理培训课程。

员工气不顺，巧言化怨结

话术一 情感共鸣+长期价值引导

小王，我理解你现在对薪资和晋升的失望情绪，换作是我可能也会有类似感受。但你过去主导的 ×× 项目曾为公司带来 30% 的业绩增长，这种能力是长期发展的核心资本。我们正在制订管理层梯队计划，你的能力匹配度在候选名单中排名前三。如果你愿意，我们可以先调整绩效考核权重，确保下季度晋升评估优先考虑你的情况。

话术二 问题拆分+责任绑定

李工，你提到晋升被忽视的问题，我复盘后发现流程确实存在信息断层（展示晋升评分表）。接下来我会向 HR 申请开放透明评审通道，并作为你的推荐人参与本月述职。如果结果仍不理想，我承诺帮你争取跨部门调岗或外部培训资源，你看是否愿意再合作 3 个月验证效果？

话术三　市场对标+即时激励补偿

张姐，行业今年初级岗平均薪资涨幅是8%，但你目前涨幅只有5%，这确实不合理。虽然职级调整需按制度推进，但我已申请将你本月绩效系数上调0.2，额外增加800元奖金。同时安排你参与下周总部人才盘点会，直接向高层展示项目成果，为晋升争取曝光机会。

话术四　隐性价值挖掘+职业规划调整

陈老师，你这3年带出5个骨干员工，这种培养能力比单纯晋升更有市场竞争力。如果你愿意暂缓离职，我可以推动两点：一是将你纳入内部讲师体系，课时费按管理层标准支付；二是推荐你参与行业峰会，积累人脉资源。这些隐性价值未来跳槽时溢价空间至少30%。

多人辞行，稳人巧谋

话术一 透明沟通+危机归因解释

各位，最近几位同事的离职确实让大家感到不安，我理解大家的情绪波动。目前公司已启动紧急调研（展示数据/问卷），初步发现离职主因是××（如项目压力过大、市场竞争挖角等），而非团队内部矛盾。我们会在3天内同步改进方案，如下周开始试行弹性工作制，并优先优化本月绩效奖金分配比例。大家有任何顾虑，随时可以单独找我聊。

话术二 责任绑定+短期激励承诺

小李，你是团队核心成员，这次波动中我需要你的支持。公司决定对留任员工额外发放季度稳定性奖金（具体金额/条件），同时本月起由你牵头负责新客户项目，成功后直接计入晋升考核指标。你的稳定性对团队至关重要，我们一起扛过这个阶段。

话术三　情感共鸣+隐性福利强化

王姐，我知道最近工作强度大，新人又没到位，你们老员工压力倍增。我已申请将本月团队差旅标准上调 30%，并协调 HR 把你们的年假增加 2 天。另外，下季度调薪名单里我会重点推荐你，这段时间辛苦请多担待。

话术四　竞争壁垒构建+外部威胁提醒

小陈，这次离职的同事中有 3 人被 ×× 公司高薪挖走，但对方试用期淘汰率超过 50%（数据需真实）。你们积累的行业资源和技术壁垒，在外部很难被快速复制。只要撑过这 3 个月，我会推动全员持股计划，把短期波动转化为长期收益。

员工讥评，化解之策

话术一 快速介入+诉求识别

小王，我看到你在社交平台的发言了，能感受到你离职时有些情绪没被妥善处理。公司非常重视每位员工的体验，能否抽空和我聊聊具体遇到了哪些问题？如果是交接流程或补偿方案有疏漏，我们可以立刻协调 HR 重新核对。

话术二 情绪疏导+法律风险提示

李姐，你在朋友圈提到的工作压力问题，我完全理解。但根据《中华人民共和国刑法》，公开发布不实信息造成点击超 5000 次或转发超 500 次可能构成诽谤罪。我们更希望能私下妥善解决，如果你愿意删除相关内容，公司可以补充开具离职证明并协助推荐新机会。

话术三 利益绑定+补偿协商

张哥，你提到的加班问题确实需要改进，公司正计划调整考勤制度。考虑到你的贡献，我们可以额外申请1个月薪资作为离职关怀金，但需要你配合删除相关帖子并签署保密协议。你看这样可以吗？

话术四 情感共鸣+责任归因

赵老师，你带过的团队都很认可你的能力，现在这些负面内容可能会影响你未来的职业背书。其实行业圈子很小，HR背调时也常关注社交媒体记录。我们不妨一起梳理下离职原因，我帮你写封推荐信，把矛盾转化为个人品牌加分项如何？

第八章

劳动法务沟通技巧

试用期员工辞退，处理技巧

话术一 引导员工了解法律依据

公司对试用期考核有 1 套明确的流程和标准，但根据《中华人民共和国劳动合同法》第三十九条，考核必须基于客观、量化的录用条件。目前你收到的考核结果可能未完全体现实际工作情况，建议你要求公司提供具体的考核细则、评分记录以及与岗位职责匹配的书面证明。如果存在争议，我们可以一起梳理工作记录，作为后续沟通的依据。

话术二 强调证据收集的重要性

我理解你对考核结果的质疑。根据劳动仲裁案例，若公司无法证明考核标准已提前告知或存在主观随意性，可能构成违法解除。建议你立即整理入职时收到的岗位说明书、考核表、工作成果邮件或聊天记录，并书面要求公司明确解释“不合格”的具体表现。这些材料将是维权的重要支撑。

话术三 提供协商与申诉路径

如果你认为考核标准不合理，我们可以分两步处理：一是向人力资源部门正式申诉，要求重新审核考核流程的合规性；二是若协商无果，可申请劳动仲裁，主张公司违法解除劳动合同的经济赔偿。作为直属上级，我会协助你对接公司内部流程，并确保沟通记录留存。

话术四 情感支持与风险提示

我理解这件事对你的影响，但请注意：签署任何“自愿离职”文件都可能影响后续维权。根据最高人民法院判例，即使签收解除劳动关系通知，只要未认可内容，仍可主张权益。建议你暂不签署争议文件，优先通过工会或劳动监察部门介入调解。

绩效质疑，解惑之难

话术一 明确制度依据与透明承诺

公司现行的绩效计算方式是基于《中华人民共和国劳动合同法》第四十六条和《工资支付暂行规定》制定的。我们将在 3 个工作日内组织专项说明会，公示本季度的考核细则、原始数据记录及部门权重分配表。如果发现具体岗位的指标设定与岗位说明存在偏差，大家可以当场提交书面异议材料。

话术二 建立证据收集渠道

为高效解决争议，建议各位整理以下三类材料：一是入职时签收的“薪酬确认单”；二是近 3 个月完整的工作成果记录（如系统截屏、邮件确认的 KPI）；三是部门内横向对比的异常数据案例。人力资源部会开通绿色通道，周三前可匿名提交至 OA 系统“薪酬复议”模块。

话术三 提供双重解决路径

我们已启动双轨处理机制：一是周五前由 HR、财务和员工代表组成核查组，重新验算争议岗位的绩效系数；二是若核查结果仍存疑，可按《中华人民共和国劳动争议调解仲裁法》第五条，通过工会申请劳动仲裁。作为管理者，我会全程参与会议记录签字确认环节。

话术四 情绪疏导与风险提示

我理解大家对收入波动的焦虑，但请注意：一是争议期间正常出勤记录是维权的重要依据，切勿集体旷工；二是暂不要签署任何带有“认可计算结果”字样的文件；三是所有沟通将通过企业邮箱留痕，避免私人社交软件讨论。下周我们会同步增加季度绩效预核算服务。

工时缺录，改善之道

话术一 强调合规性与法律风险

根据《中华人民共和国劳动法》规定，企业需对员工加班时间、考勤记录进行完整备案。目前我们的超时工作记录存在缺失，可能面临劳动监察处罚或员工仲裁风险。请立即整理近 3 个月的项目排期表、代码提交记录、工作邮件及会议纪要，这些材料可作为加班事实的间接证据。后续我会协助你完善系统考勤补录流程。

话术二 指导记录补全与溯源

缺失记录需要从多维度补足：一是检查研发管理系统中的代码提交时间、任务完成节点；二是导出企业微信/钉钉的夜间沟通记录；三是收集项目冲刺阶段的紧急需求审批邮件。建议按“日期—人员—工作内容—耗时”格式整理成台账，本周内同步给 HR 备案。

话术三 推动流程优化与排期调整

长期依赖人工补录存在漏洞，我们可以从源头优化：一是将敏捷开发的每日站会记录自动关联考勤系统；二是在 JIRA 等项目管理工具中设置工时填报强提醒；三是对超过晚上 10 点的代码合并请求增加主管二次审批。同时建议重新评估当前迭代排期的合理性，减少突击性任务的比例。

话术四 建立预防机制与团队共识

为避免再次出现记录缺失，我们需要达成三点共识：一是所有紧急任务必须通过邮件或 OA 系统发起，禁止口头指派；二是跨部门协作会议需留存纪要并抄送 HR；三是每月组织一次工时填报培训，重点说明如何关联研发数据与考勤系统。下周起试行“双周工时校准会”，由你主导异常工时分析。

工伤纠纷，应对之策

话术一 明确工伤认定法律基础

根据《工伤保险条例》第十四条，员工因工外出期间因工作原因受到交通事故伤害，应认定为工伤。但需要确认以下三个关键点：一是这次外勤是否属于公司指派的公务活动；二是事故发生时你是否在因公外出的合理时间内和合理路线上；三是交通事故责任认定中是否承担主要责任。我们可以一起梳理外勤审批记录、工作沟通记录和交警责任认定书，作为申诉材料。

话术二 指导关键证据收集

现在需要重点收集三类证据：一是外勤任务书面凭证（如出差审批单、客户拜访记录）；二是事故现场材料（交警出具的责任认定书、行车记录仪视频）；三是医疗诊断证明书。如果公司对工伤认定有异议，根据最高人民法院判例，只要你能证明外勤与工作职责的关联性，即使存在责任比例争议，仍可能被认定为工伤。

话术三 提供争议解决路径

工伤索赔应由用人单位在员工事故发生之日或被诊断之日起 30 日内向统筹地区社会保险行政部门提出工伤认定申请，若用人单位不履行则再由工伤职工个人发起申请。我们可以分三步处理：第一步，向公司提交书面工伤认定申请，附上所有证明材料；第二步，若公司拒绝认定，1 年内向人社局工伤科申请行政认定，社会保险行政部门收到申请后，会在 15 日内决定是否受理；第三步，对认定结果仍有分歧的，可依法申请行政复议或提起行政诉讼。作为你的直属上级，我会协助你调取外勤期间的 GPS 定位记录和工作邮件往来作为辅助证据。

话术四 风险提示与情感支持

有三点需要特别注意：一是交通事故调解时不要签署含有“个人行为”等不利描述的协议；二是治疗期间的所有医疗票据要留存原件；三是若公司提出“私了”，建议先咨询劳动监察部门（12333）评估方案合理性。你现在最重要的是配合治疗，法律明确规定停工留薪期工资应照常发放，这方面权益我会帮你争取。

核心员工，防竞之术

话术一 阐明法律边界与协议效力

根据《中华人民共和国劳动合同法》第二十四条，竞业限制仅适用于用人单位的高级管理人员、高级技术人员和其他负有保密义务的人员。我们需要先确认你的岗位是否真正涉及公司商业秘密或核心技术。如果协议中对限制范围、期限或补偿金的约定存在不合理条款（如未明确补偿标准或限制期超过 2 年），你有权要求重新协商或申请协议无效。

话术二 指导员工核实协议关键要素

建议你仔细核对协议中的三个核心内容：一是补偿金是否达到离职前工资的 30% 且按月支付；二是限制范围是否明确列出竞品企业名单或业务类型；三是违约责任是否合理（违约金通常不超过补偿金总额 3 倍）。如果公司未履行补偿义务超过 3 个月，你可主张协议自动失效。

话术三　提供协商解除路径

如果你的新工作确实不涉及原公司业务，我们可以分两步处理：一是向 HR 提出书面申请，附上新岗位说明书，要求公司出具“竞业限制终止通知书”；二是若协商受阻，联合工会可向劳动监察部门申请调解。根据最高法院判例，举证责任在公司方，需证明新岗位存在竞争关系。

话术四　风险警示与证据留存

请注意三点法律风险：一是入职新公司时避免签署与原岗位高度重合的职责描述；二是保留所有工资流水、社保记录，证明新工作未涉密；三是若收到原公司律师函，务必在 15 日内书面回应异议。根据 2023 年案例，员工成功举证新工作无竞争性后，法院驳回了企业全部诉求。

女工调岗，解决之方

话术一 明确法律权益与协商原则

根据《中华人民共和国劳动合同法》第三十五条，岗位调整需双方协商一致。你产假返岗后若发现原岗位被替代，可以要求公司提供调岗的书面依据，并确认新岗位的工作内容、薪资待遇是否与原岗位一致。如果新岗位需要出差或增加哺乳期难以承受的工作强度，你有权提出异议。建议我们先与 HR 部门沟通，明确调岗是否合法合理。

话术二 引导合法申诉与证据留存

如果公司单方面调整岗位且未协商，根据最高法院判例，这可能构成违法调岗。请你保留好调岗通知书、工作交接记录、薪资变动证明等材料。同时，建议你以书面形式向公司提出异议，要求恢复原岗位或协商其他合理岗位。作为直属上级，我会协助你同步反馈给工会或劳动监察部门。

话术三　平衡公司管理与员工权益

目前，公司可能因业务调整需要重新安排岗位，但根据法律规定，新岗位需与你的专业能力匹配，且不得降低薪资或增加哺乳期负担。如果你对新岗位有顾虑，我们可以共同梳理岗位职责差异，并向公司申请过渡期培训或弹性工作安排。若协商无果，你有权通过劳动仲裁维护权益。

话术四　情感支持与风险提示

我理解调岗对你工作和生活的影响，但请务必注意：不要轻易签署同意调岗或离职的文件，否则可能影响后续维权。如果公司以“不服从安排”为由解除合同，你可以申请违法解除赔偿金。建议优先通过工会或街道办调解，必要时再启动法律程序。

外包隐患，化解之计

话术一 明确法律责任与处置流程

根据《中华人民共和国刑法》第二百一十九条和《中华人民共和国反不正当竞争法》第九条，泄露客户数据可能涉及侵犯商业秘密罪。目前，我们需要立即终止与该外包人员的合作，并向公安机关报案。你需配合提供其接触数据的权限记录、操作日志等证据，公司会同步启动内部追责程序。

话术二 强调证据固化与合规处理

我已联系法务部门对泄露行为进行技术取证，包括数据访问记录、聊天记录、文件传输日志等关键证据。根据最高法院判例，外包合同中若未明确保密条款，企业可能要承担连带责任。请你在 24 小时内提交该人员参与项目的完整工作轨迹材料，避免证据灭失影响追责。

话术三　内部追责与流程优化建议

此次事件暴露了外包管理漏洞。根据国家保密局案例，我们将采取三项措施：一是重新审核所有外包合同中的保密条款和违约责任；二是要求第三方机构提供该人员的背景审查材料；三是对你的团队进行数据权限分级培训，你作为对接人需配合完成整改报告。

话术四　客户安抚与后续风险规避

对外我们需统一口径：已启动司法程序并升级安全防护。根据《中华人民共和国民法典》第一千一百九十一条，你可以向客户说明“公司已对第三方服务商提起诉讼，并将委托专业机构进行数据泄露影响评估”。后续新项目必须采用双人复核机制，所有外包操作需在你的监督下进行。

情绪疏导，善处之法

话术一 明确调整背景与客观决策

这次组织架构调整是基于公司整体战略转型需求，目的是优化资源配置以应对市场变化。作为管理者，我和大家一样需要适应变化。目前调整方案已通过公司高层和人力资源部多轮评估，补偿标准严格遵循《中华人民共和国劳动合同法》原则，同时会为每位同事提供职业推荐信和技能培训资源。我们稍后会分批次安排一对一沟通，解答具体问题。

话术二 建立支持性沟通渠道

我理解大家对未来的担忧，我们已设立三项支持措施：一是本周内开通内部转岗绿色通道，优先推荐匹配岗位；二是联合外部猎头举办专场招聘会；三是引入第三方心理咨询团队提供免费疏导服务。如果对补偿方案有疑问，可以随时通过公司 OA 系统提交申诉，我会全程跟进处理进度。

话术三　化解群体焦虑的共情表达

此刻的迷茫和不安是正常反应，去年行业波动时我也经历过类似困境。建议大家暂时放下对“是否公平”的争论，我们更应聚焦如何最大化利用公司提供的过渡期资源，如正在协调的“新媒体运营实战”“职业转型规划”两门课程已开放报名。本周五将组织“经验共享圆桌会”，邀请成功转岗的同事分享心路历程。

话术四　重构团队凝聚力的未来激励

这次调整后，我们部门的核心业务方向将聚焦智能客服系统研发，这意味着留下的人会面临更大挑战也拥有更多成长机会。接下来三个月，公司将启动“核心人才蓄水池计划”，通过项目竞标制选拔小组负责人，晋级者享受期权激励和带薪进修福利。希望大家把这次变化视为职业突破的契机，我会在明天的部门会议上详解新架构下的协作模式。

第九章

危机公关应对话术

质量困境，突围之法

话术一 问题定位+解决方案+行动支持

小王，这次产品漏检事故我们已经收到客户反馈了（明确问题）。现在需要你配合完成三件事：一是立即梳理问题批次产品的全流程记录；二是下午两点前提交工艺参数异常分析报告；三是参与今晚的跨部门复盘会（明确行动）。质检部会协助你调取监控数据，我也会协调研发人员共同排查设备因素。

话术二 责任引导+流程优化+共担机制

李工，这次包装破损率超标，暴露了三点改进空间：检测标准未覆盖新型材料特性；设备保养周期不合理；以及异常反馈路径冗余（定位系统问题）。本周我们共同完成三件事：一是修订检测清单；二是建立材料变更联动机制；三是试行异常问题 5 分钟响应制度。首周试行期由我承担主要决策责任。

话术三 情感共鸣+数据支撑+资源倾斜

张姐，我知道连续三班倒让你的团队疲惫不堪（共情）。数据显示 80% 的瑕疵集中在夜班新员工操作环节（客观分析）。接下来我们这样安排：一是明天起技术骨干轮值夜班带教；二是申请临时补助金激励老员工支援；三是下周起推行错峰排班。设备部已同意优先维护你们的生产线。

话术四 危机转化+能力建设+长期规划

陈组长，这次客户投诉既是挑战也是改进契机（定性转化），接下来需要你主导完成这三件事：一是制作典型缺陷对照手册；二是开展全员 FMEA 失效模式（一种系统化风险管理工具）培训；三是建立质量红黄牌预警机制。公司会拨付专项培训基金，优秀案例可参与年度创新奖评选。

高管风波，平息之策

话术一 价值认可+舆情影响分析

王总，您在行业内的专业口碑和项目贡献有目共睹（体现认可）。这次舆情传播速度超出预期，数据显示相关话题 24 小时内阅读量已突破 50 万（用数据说明严重性）。我建议今天下午紧急召开跨部门会议，由您主导回应策略制定，并同步启动媒体监测系统实时追踪动态（提供行动方案）。

话术二 责任绑定+主动应对引导

张副总，当前舆论焦点集中在您上周的公开演讲片段（明确问题边界）。考虑到公众对高管言论敏感度，我们拟定了两种回应方案：一是您本人通过短视频平台澄清上下文背景；二是法务部介入，起诉恶意剪辑账号（给出选择权）。您看是否需要我协调公关团队先做风险推演？

话术三 情感共鸣+替代性激励

李总监，我理解您对媒体报道偏差的愤怒（共情）。但舆情监测显示，网友更关注公司后续态度而非单一事件（转移焦点）。现下我们需要考虑是否将原定下周的技术发布会提前？这样，您作为主讲人公布创新成果，既能转移舆论视线，又能强化技术领袖形象（提供替代方案）。

话术四 制度解释+内部整改承诺

陈总，根据高管舆情管理制度（引用制度），这次事件需要 48 小时内出具调查报告。我已协调监察部门调取完整的会议记录，并建议在报告中增设“高管媒体培训升级计划”板块（隐性承诺改进）。您是否需要先预览一下报告框架？

数据泄露，应对之艰

话术一 情绪安抚+流程透明化

小王，我理解你现在很焦虑。目前公司已启动数据泄露应急响应机制，安全团队正在排查受影响范围。你的账号权限已临时冻结，这是标准防护流程，并非追责信号。半小时后我会同步最新进展，这期间你有任何疑问随时找我。

话术二 明确角色定位+降低责任压力

小李，这次事件初步判断是外部攻击，你的操作符合安全规范。现在需要你配合两点：一是回忆最近一周是否有异常登录提示；二是提供经手文件的加密记录。你的配合能帮我们更快定位问题。

话术三 制度保障+后续支持说明

张姐，公司为所有员工投保了数据安全责任险，只要非主观故意泄密，个人无须承担赔偿。法务部已经介入，接下来我们会安排全员数据安全培训，并升级系统防护措施。

话术四 风险切割+心理疏导

陈工，你的工作电脑检测到可疑进程，但日志显示攻击发生在非工作时间，初步排除操作失误。IT 部门正在恢复备份数据，你今天可以先处理离线任务，避免因过度紧张而影响判断。

伙伴失信，处理之语

话术一 事实澄清+应急措施说明

李总，我们刚收到 ×× 供应商因上游原料短缺单方面终止合作的通知。目前，我们已启动备选供应商 A 和 B 的紧急响应流程，预计 3 天内能恢复 80% 的产能。为确保您的订单不受影响，我们将优先调拨库存资源，并在今日下班前同步最新交货计划。

话术二 责任切割+补偿承诺

王经理，此次断供事件系供应商突发经营问题导致，我方已根据合同条款启动索赔程序。为表诚意，所有受影响的订单将额外赠送 5% 的履约保证金，并免费升级物流为加急专线。具体方案已发送至您邮箱，请查收确认。

话术三 技术背书+流程透明化

张工，技术团队已验证替代供应商的原材料参数完全符合国标（附检测报告），生产设备也已于今早完成调试。我们开通了 24 小时视频监造通道，你可以随时扫码查看产线实时动态，确保质量零偏差。

话术四 关系维护+长期保障

陈总，合作五年来首次遭遇此类事件，我们深表歉意。除当前应急方案外，我们已与三家战略供应商签订“互保供应协议”，未来任何单一断供都将触发三方联动补货机制。稍后法务部会将补充协议送审，并额外增加 30% 违约金条款。

政策困境，善处之道

话术一 问题承认+透明整改说明

王总，首先向您诚恳致歉。此次监管处罚确实暴露了我们在 ××（具体领域）×× 流程中的疏漏。目前公司已成立专项整改小组，全面升级合规内控体系（如引入第三方审计、调整风控部门架构），整改进展将按月通过公告和邮件同步。我们承诺未来所有重大决策都会增设投资者意见征询环节。

话术二 责任切割+补偿方案预告

李女士，此次事件涉及 ××（具体业务 / 部门）的独立操作，公司核心业务（如新能源项目 / 现金流）未受实质性影响。为弥补投资者损失，董事会已提议设立专项补偿基金，预计下季度启动 ××（如分红上浮 5%/ 优先股回购），具体方案将在股东大会后第一时间公示。

话术三　法律合规强化+沟通机制升级

张先生，我们已经深刻吸取教训，聘请 ××（知名律所 / 咨询机构）重构合规体系，并新增 ××（如 AI 实时监测系统 / 员工合规考核一票否决制）。同时，公司将开通 24 小时高管热线，每月举办线上答疑会，确保您的疑问在 48 小时内得到书面答复。

话术四　价值重申+长期利益绑定

赵总，尽管我们现在短期受挫，但公司 ××（核心优势，如专利数量 / 市占率）仍居行业前三，本次罚款仅占年利润的 ×%。我们计划将此次整改与 ××（战略转型，如 ESG 投资 / 数字化改革）结合，明年起设立投资者共创委员会，邀请您参与重大决策投票。

过激维权，应对之计

话术一 冷静引导+隔离矛盾

小王，我理解你现在情绪很激动，但我们在公共场合争执只会让问题更难解决。我们先到办公室单独沟通，你详细说说具体诉求，我记录下来并承诺今天内给你反馈解决方案。公司有工会和 HR 调解渠道，我保证你的声音会被公司高层听见。

话术二 规则重申+后果警示

李工，根据《员工手册》第 × 条，罢工、破坏生产秩序属于严重违纪，可能会导致解除合同。你提出的加班费问题我已记录，明天会联合 HR 核算后给你书面答复。如果你现在回到岗位，我们可按正常流程处理；若你继续停工，我只能按制度上报。

话术三　利益共情+替代方案

张姐，我知道你辛苦加班三个月没调休，换谁谁都有情绪，但直接停工会影响整个团队绩效奖金，包括你自己的。我建议咱们今天先完成紧急任务，明天我申请给你优先安排补休，并同步启动加班费复核流程，你看可以吗？

话术四　权威背书+程序透明

陈师傅，你质疑的薪资核算问题，我已经申请财务部提供原始数据，下午 3 点我们和 HR 一起核对。但根据《中华人民共和国劳动争议调解仲裁法》，过激行为可能导致公司依法追责。我们按正规程序解决，对你和公司都更公平。

第十章

客服经理问题处理话术

排队超时，化解难题

话术一 快速共情+原因透明化

先生/女士，非常抱歉让您久等了！今天上午客流量是平日的3倍，窗口处理速度确实比预期慢（解释客观原因）。您的业务需求我已记录，现在为您开启VIP通道优先办理，同时赠送一张下次免排队体验券（提供补偿）。后续我们会增加临时窗口，减少类似情况发生（承诺改进）。

话术二 行动承诺+即时解决方案

抱歉阿姨，让您等了40分钟，这确实太久了，换作我也会着急的（情感共鸣）。我马上协调一位专员为您单独处理，预计5分钟内完成（快速响应）。另外，您提到的定期存款转存业务，可以通过手机银行操作，只需1分钟能完成，我来教您如何设置（引导自助分流）。

话术三　责任归属+隐性关怀

王先生，这次延误主要是由于系统升级导致业务积压造成的，责任确实在我们（明确担责）。您先到贵宾室休息，这里有茶点和 Wi-Fi，业务办好后我第一时间通知您（转移等待场景）。为表歉意，赠送您一份账户安全检测服务（增值补偿）。

话术四　数据支撑+流程优化说明

李女士，这边查询到您等候了 52 分钟，已经远超我们 25 分钟的服务承诺（数据佐证），所以我向总行申请调派了 2 名机动柜员支援，并且承诺自下周三起增设“15 分钟快速窗口”（改进公示）。今天您的业务我们将免除所有手续费，并安排客户经理后续跟进（即时补偿）。

利率麻烦，处理良策

话术一 政策合规说明+弥补方案

王先生，我们核查到本次利率调整是根据中国人民银行最新发布的贷款市场报价利率（LPR）动态调整机制实施的，并且我们先前确实在合同条款第 5.3 条中已经约定好了利率随市场波动调整的规则。但未能提前 15 天书面告知是我们的失误，为此我们为您申请了 3 个月的利率优惠券（减免 0.5%），同时安排专人下周上门讲解新利率计算方式。

话术二 操作流程致歉+补偿承诺

李女士，因系统升级导致部分客户的短信提醒延迟发送，我们向您表达真挚的歉意，这完全不符合我们的服务标准。除了为您补发完整的利率调整说明函，您本季度的账户管理费也将全额免除。我已将问题反馈至技术部，后续所有利率变更都会通过 App 弹窗 + 短信双重确认。

话术三　责任归属明确+选择权赋予

张先生，这次调整是因为总行紧急执行反洗钱监管要求，我们之间确实存在沟通断层。现在为您提供两种选择：一是维持原利率但需要您补充身份验证材料；二是接受新利率并获赠 200 元还款抵扣金。您更倾向哪种方案？我马上协调办理。

话术四　情感共鸣+追溯性补偿

赵阿姨，让您突然多出月供压力是我们的失职。查看到您过去三年还款记录零逾期，已为您申请特殊通道：本月应还利息差额由我行承担，同时未来半年内如需申请其他贷款，利率可享受 VIP 客户折扣。

攻击风波，平息之策

话术一 隔离冲突+情绪承接

先生 / 女士，我完全理解你现在的不满，咱们先到旁边的会客室坐下来慢慢沟通。您放心，退款问题我一定帮您协调到底。（递上温水）您先喝口水，具体是哪部分流程让您觉得不合理？我记录下立刻处理。

话术二 共情铺垫+责任切割

您生气是应该的，换作我也会着急。但咱们的工作人员是按公司流程办事，可能沟通方式让您误会了。您消消气，现在由我直接对接您的需求，您希望退款金额是多少？我马上复核系统数据。

话术三 模糊焦点+替代方案引导

您提到的退款延迟问题，确实责任在我们，是我们内部流程还需要优化。您看这样处理是否可行：今天我先帮您登记加急审核，同时补偿你一张 50 元电子券，可用于下次消费抵扣。如果明天中午 12 点前退款仍未到账，我本人会电话联系银行追踪。

话术四　底线声明+威慑警示

我承诺全力解决你的诉求，但沟通需要相互尊重，如果你继续辱骂我们的员工，根据《中华人民共和国治安管理处罚法》第四十二条，我们有权报警处理。现在咱们回到退款问题：你需要纸质回执还是短信通知？

售后责任推诿，应对之法

话术一 聚焦问题归属+明确解决路径

李经理（物流部），我理解售后团队反馈的包裹破损问题涉及运输环节，但客户已经提供了完整的开箱视频（证据锁定）。根据公司流程，这类问题需要物流部在 24 小时内提供运输过程的监控记录（明确责任），同时客服部会同步联系供应商核查包装标准（多方联动）。我们下午 3 点前开个三方会议，争取今天内给客户解决方案，避免影响店铺评分。

话术二 数据化归因+利益绑定

张总（供应商），这批商品的退货率比上个月高 30%，质检报告显示 60% 的问题出在配件规格不符（数据支撑）。按合同条款，你方需要在 48 小时内提供批次质检证明，并承担补发配件的成本。客服部会统一安抚客户，若明天中午前仍未收到证明，我们只能启动第三方质检流程（风险预警）。

话术三　情感共鸣+资源置换

王主管（客服部），我知道你们每天要处理大量投诉压力很大，但物流部反馈上周87%的破损件都是因为客户错误操作导致的（客观数据）。我建议你们把这类案例单独标注，我协调培训部下周给客服增加一场“客户操作指导话术”培训，同时物流部会优化包裹警示标签（资源支持），咱们一起降低重复投诉率。

话术四　流程回溯+升级机制

各位，这次客户投诉超时3天未解决，原因是客服误判问题归属、物流未及时反馈签收记录、供应商超时未回复（流程复盘）。从现在起，所有跨部门工单必须2小时内转交对接人，4小时内出具初步结论。若部门间仍有分歧，直接拉我进群做决策（升级规则），优先级高于日常事务。

客户信息泄露，致歉有行动

话术一 致歉+立即行动说明

王女士，首先向您诚挚道歉！我们已确认某第三方平台违规调用了您的信息，现已终止与其合作并封禁数据接口。根据《中华人民共和国个人信息保护法》要求，我们正在全面核查泄露范围，2 小时内将通过短信向您沟通事件细节及风险防范指南。您的信息安全始终是我们的首要责任，后续进展将第一时间向您通报。

话术二 风险告知+补救方案

李先生，此次泄露可能涉及你的手机号及地址信息。建议你立即修改关联账户密码，并开启银行账户登录异常的提醒。我们已为您开通半年免费的信用监测服务（附链接），可实时预警身份盗用风险。如需协助冻结账户或法律咨询，请随时联系专属客服经理。

话术三　责任明确+法律追责

张先生，本次事件系第三方平台违反数据调用协议所致，我们已向公安机关报案并启动法律追责程序。根据《中华人民共和国网络安全法》第六十四条，我们将向监管部门提供涉事方的违法证据，并全额承担您的维权成本。这是我们的过失监督责任说明文件，请您过目。

话术四　补偿承诺+流程透明

赵女士，除基础补偿外，我们将为您提供三年数据安全保险（涵盖身份盗用损失最高 50 万元），并在 3 个工作日内寄送纸质版“事件调查报告”。您可通过官网“隐私事件追踪”专区实时查询处理进度，7 天内将有专员回访确认补救措施效果。

食品安全致歉，赔付速达

话术一 快速响应+基础补偿承诺

王女士，我们已确认生产线污染问题属实，对您身体和信任造成的伤害深表歉意。根据《中华人民共和国食品安全法》，我们承诺对受污染批次产品进行十倍价款赔偿（或实际医疗费用三倍补偿），同时承担相关医疗检查费用。赔偿方案将在 3 个工作日内通过短信发送，请你留意查收。

话术二 法律依据说明+协商解决引导

李先生，根据《中华人民共和国食品安全法》第一百四十八条，您有权要求支付价款十倍或损失三倍的赔偿金。我们建议你保留购物凭证和医疗单据，下周将有专员与你对接具体赔偿事宜。若您希望加快处理，可优先签署和解协议，我们将额外补偿 200 元购物卡表达歉意。

话术三 危机处理透明度+附加补偿

张先生，目前我们已封存涉事生产线，并启动第三方检测（出示检测机构名称）。除法定赔偿外，我们将为所有索赔消费者开通全年健康咨询专线，并赠送价值500元的未污染产品礼包。这是我们的整改报告，您可随时通过官网查询进度。

话术四 责任绑定+整改措施通报

赵女士，此次事故的根本原因是设备清洁流程存在疏漏，相关责任人已停职处理。我们已升级三点核心措施：一是引入24小时在线生产监控系统；二是建立以消费者为代表的质量监督委员会；三是设立100万元先行赔付基金。您的赔偿申请已进入绿色通道，预计48小时内完成审核。